AF196694

Isabel Pin

Später möchte ich mal ...

Isabel Pin

Später möchte ich mal ...

Hanser

Später möchte ich mal um die Welt reisen ...

und ich ein eigenes Haus bauen.

Später möchte ich ganz viele Bäume pflanzen ...

und ich Autos bauen, die mit Sonnenenergie fahren können.

Später möchte ich mal viele Kinder haben und auf einem großen Hof mit Hühnern, Hunden und Pferden leben ...

und ich ganz alleine wohnen und viel Ruhe haben.

Später möchte ich noch immer ganz viel spielen ...

und ich mal ein Land regieren und Bestimmer sein.

Später möchte ich mal in einem modernen U-Boot wohnen ...

und ich wie ein Wilder im Dschungel leben.

Später möchte ich Fußballprofi sein und meinen großen
Bruder ins Stadion einladen ...

und ich tolle Klamotten nähen.

Später möchte ich mal eine Arbeit haben,
die mir viel Zeit zum Rumhängen lässt ...

und ich ganz viel lernen – bis ich alle Fisch- und
Algenarten kenne und Meeresbiologin werde.

Später möchte ich mal einen Obst- und Gemüsegarten
haben und nur essen, was dort wächst ...

und ich nie selber kochen, sondern immer mit
Freunden ins Restaurant essen gehen.

Später möchte ich mit den Leuten,
die ich schon kenne, zusammen an einem Ort wohnen ...

und ich eine Rakete bauen, damit ich andere Planeten und
andere Lebewesen kennenlerne.

Später werde ich eine neue Insel im Ozean entdecken …

und ich dort Urlaub machen und Cocktails trinken.

Später möchte ich mal Lehrerin werden und Kindern alles beibringen, was ich selber gelernt habe ...

und ich etwas lernen, was einem in
der Schule niemand beibringt.

Später möchte ich als Polizistin oder Ärztin Leute beschützen ...

und ich gefährliche Abenteuer bestehen.

Später werde ich alles selber reparieren können ...

und ich die tollsten Ideen haben und spannende Bücher schreiben.

Später möchte ich mal mit meiner besten Freundin zusammen-
wohnen und ganz viele Straßenhunde aufnehmen ...

und ich mit meinem besten Freund, und wir werden
euch oft besuchen, weil wir Nachbarn sind.

Später werde ich an Gott glauben,
selbst wenn ich ihn nie gesehen habe …

und ich nur an etwas glauben, was ich selbst sehen kann.

Später werde ich nur noch mit Messer, Gabel und Löffel essen ...

und ich mit den Händen – oder was gerade da ist.

Später werde ich immer noch an den Weihnachtsmann, die
Zahnfee und den Osterhasen glauben ...

und ich als Forscher nur der Wissenschaft vertrauen.

Später möchte ich den ganzen Tag ungekämmt im
Schlafanzug rumlaufen ...

und ich endlich die roten hochhackigen
Pumps meiner Mutter tragen.

Später möchte ich mal ernst, seriös und wichtig sein
und einen Anzug tragen ...

und ich mir immer etwas Lustiges ausdenken
und dich zum Lachen bringen.

Später wird sowieso alles anders sein als jetzt ...

und deshalb fangen wir heute schon mit später an.

Isabel Pin, 1975 in Versailles geboren, lebt in Berlin. Sie studierte Illustration in Straßburg und an der Hamburger Hochschule für Gestaltung. Seit ihrem Abschluss sind in Zusammenarbeit mit deutschen und ausländischen Verlagen über 40 Bücher mit Illustrationen und Texten von ihr entstanden, die vielfach übersetzt wurden. Zu den bekanntesten gehören *Ein Regentag im Zoo* und *Die Geschichte vom kleinen Loch*. Isabel Pin wurde mit deutschen und internationalen Preisen ausgezeichnet und mehrfach für den sogenannten Nobelpreis der Kinder- und Jugendliteratur, den Astrid Lindgren-Gedächtnis-Preis (ALMA) nominiert. Im Hanser Kinderbuch erschien zuletzt *Wenn ich groß bin, werde ich Nobelpreisträger*.

 HANSER hey! Schau vorbei und
teile dein Leseglück auf Instagram

1. Auflage 2022

ISBN 978-3-446-27254-5
© 2022 Carl Hanser Verlag GmbH & Co. KG, München
Umschlag: Sebastian Völkel, München
Motiv: Isabel Pin, Berlin
Satz im Verlag
Druck und Bindung: PNB Print Ltd., Silakrogs
Printed in Latvia

 MIX
Paper from
responsible sources
FSC® C084698